◉地球《ちきゅう》ものがたり

インカの村《むら》に生《い》きる

関野《せきの》吉晴《よしはる》

ほるぷ出版

インカの村《むら》に生《い》きる　目次《もくじ》

はじめに

ぼくたち人間《にんげん》も、動物《どうぶつ》です。
どの動物《どうぶつ》よりも賢《かしこ》く、ことばや文化《ぶんか》を作《つく》り、
文明《ぶんめい》を生《う》みました。
しかし、どの動物《どうぶつ》より愚《おろ》かでもあります。
生《う》みだした文明《ぶんめい》が、地球《ちきゅう》を壊《こわ》しはじめています。
今《いま》や地球上《ちきゅうじょう》に、
人間《にんげん》の住《す》んでいないところはありません。
他《ほか》の動物《どうぶつ》は、別《べつ》の環境《かんきょう》に移動《いどう》するには、
自分《じぶん》の体《からだ》を変《か》えないと、生《い》きていけませんでした。
しかし人間《にんげん》は、どんなきびしい環境《かんきょう》でも、
衣食住《いしょくじゅう》や生《い》き方《かた》、つまり文化《ぶんか》をそこに適《てき》したものにし、
そこを「住《す》みやすいところ」にしてしまったのです。
どのような知恵《ちえ》と工夫《くふう》で、適応《てきおう》していったのか。
地球《ちきゅう》を壊《こわ》さずに、ともに生《い》き延《の》びるためには、
どんな生《い》き方《かた》があるのか。
いっしょに見《み》ていきましょう。

ケロへ◉インカの魅力《みりょく》にひかれて

アンデス山脈《さんみゃく》の深《ふか》い谷《たに》のなか、天《てん》に向《む》かって
マチュピチュはそそりたっています。
この遺跡《いせき》を作《つく》ったインカ帝国《ていこく》は、すぐれた石《いし》づくりの建物《たてもの》や道路《どうろ》、
美《うつく》しい織物《おりもの》や土器《どき》を生《う》みだしました。
また、ジャガイモ、かぼちゃ、トマトなども
ここから世界《せかい》に広《ひろ》まっていきました。
かつて人《ひと》びとは、どのような暮《く》らしをしていたのでしょうか。
ぼくは、「インカ帝国時代《ていこくじだい》の暮《く》らしを、
いまも続《つづ》けている村《むら》があるんじゃないか」
と思《おも》い、さがしてみました。
そしてたどりついたのが、ケロ村《むら》だったのです。

早朝《そうちょう》のマチュピチュ。15世紀《せいき》から16世紀《せいき》にかけて栄《さか》えたインカ帝国《ていこく》の遺跡《いせき》です。まわりを深《ふか》い谷《たに》でかこまれた、標高約《ひょうこうやく》2200メートルの山《やま》の上《うえ》にあります。

深《ふか》い谷間《たにあい》にかけられた、わらで作《つく》ったつり橋《ばし》。2年《ねん》に1度《ど》かけかえられます。

オヤンタイタンボ遺跡《いせき》の太陽《たいよう》の神殿《しんでん》。インカ時代《じだい》、ここで神様《かみさま》に祈《いの》りがささげられました。

インカ帝国《ていこく》の首都《しゅと》クスコを守《まも》るために作《つく》られたとりで。大《おお》きな岩《いわ》をくみあわせて作《つく》られています。

▶標高《ひょうこう》6384メートルのアウサンガテ山《さん》には、力《ちから》のある山《やま》の神《かみ》様《さま》がいるといわれています。そのすそ野《の》では、アルパカやリャマ、羊《ひつじ》が飼《か》われています。

ケロへ

◉野《の》ウサギしかすまない荒地《あれち》

インカ時代《じだい》と
同《おな》じ暮《く》らしをしている村《むら》を
さがしていたぼくは、
ケロ村《むら》のことを教《おし》えてもらいました。
「その村《むら》に行《い》きたい」
と言《い》うと、みんな
「あそこは野《の》ウサギしかすまない場所《ばしょ》だよ」
と、あきれた顔《かお》で言《い》いました。
車《くるま》の通《とお》る道《みち》はなく、
何日《なんにち》も歩《ある》いて着《つ》いたところは、
岩《いわ》だらけで、
急《きゅう》な斜面《しゃめん》にかこまれていました。
村《むら》は富士山《ふじさん》よりも500メートルも高《たか》い
標高《ひょうこう》4300メートルのところにありました。
ここでは、どのような知恵《ちえ》と工夫《くふう》で、
「野《の》ウサギしかすまない」荒地《あれち》を、
住《す》みやすいところにしているのでしょうか。

夜《よ》明《あ》け前《まえ》、集落《しゅうらく》は静《しず》まりかえっています。家畜《かちく》たちも寒《さむ》いので、うずくまっています。朝日《あさひ》がさすと、家畜《かちく》たちはもぞもぞとおきあがり、草《くさ》を食《た》べに山《やま》へ向《む》かいます。

▶村《むら》を見下《みお》ろす丘《おか》に立《た》つ少年《しょうねん》。ケロ村《むら》にはおよそ100家族《かぞく》、500人《にん》が、6つにわかれて住《す》んでいます。家畜《かちく》のために、えさとなる草《くさ》と土地《とち》が必要《ひつよう》なので、1カ所《しょ》にまとまっては住《す》めません。

ケロへ◉高地《こうち》に住《す》む

ケロ村《むら》では、
山《やま》の下《した》のほうで、
トウモロコシを作《つく》ります。
山《やま》の上《うえ》のほうで、
家畜《かちく》を飼《か》っています。
その中間《ちゅうかん》で、
ジャガイモを作《つく》っています。
ケロ村《むら》の人《ひと》びとが飼《か》っている
アルパカやリャマは、
高地《こうち》の気候《きこう》が合《あ》っています。
いっぽう、
ジャガイモやトウモロコシは
もっと暖《あたた》かいところに育《そだ》ちます。
ケロ村《むら》が、
きびしい環境《かんきょう》のなかで
昔《かし》からの生活《せいかつ》を
守《まも》ってこられたのは、
3000メートルもの
大《おお》きな高度差《こうどさ》をじょうずに
使《つか》ってきたからです。

アルパカやリャマはおとなしいので、子《こ》どもたちが世話《せわ》をまかされます。

家畜《かちく》のふんを乾燥《かんそう》させたものは、肥《こ》やしとして使《つか》われます。木《き》のない高地《こうち》では、燃料《ねんりょう》としても大切《たいせつ》なものです。

▶標高《ひょうこう》4600メートルのところまでアルパカやリャマを連《つ》れていって、草《くさ》を食《た》べさせます。慣《な》れていない人《ひと》は高山病《こうざんびょう》になることもある高《たか》さです。

ケロへ◉家《いえ》

ケロの人《ひと》びとは、おもに高地《こうち》に暮《く》らしています。
家畜《かちく》の世話《せわ》に時間《じかん》と手間《てま》がかかるからです。
高地《こうち》の家《いえ》は、インカ時代《じだい》と同《おな》じように、
石《いし》を組《く》んで作《つく》った小《ちい》さな家《いえ》です。
家《いえ》を大《おお》きくすると、
暖房《だんぼう》にたくさんの燃料《ねんりょう》が必要《ひつよう》です。
ところが、高地《こうち》のため、
まきにする木《き》は育《そだ》ちません。
そこで、
分散《ぶんさん》して小《ちい》さな家《いえ》に住《す》むのです。
ジャガイモ畑《ばたけ》があるところでは、
大《おお》きな家《いえ》に
親《しん》せきがそろって住《す》んでいます。
近《ちか》くに木《き》が生《は》えていて、
まきを使《つか》えるからです。
森《もり》がある山《やま》の下《した》のほうでは、
木《き》で作《つく》った家《いえ》に住《す》みます。
まわりの環境《かんきょう》によって、
家《いえ》のつくりも変《か》えているのです。

天井《てんじょう》のはりを作《つく》っているところ。暖房用《だんぼうよう》の燃料《ねんりょう》を節約《せつやく》するため、家《いえ》はできるだけ小《ちい》さくします。暖《あたた》めた空気《くうき》が逃《に》げないように、出《で》入《い》り口《ぐち》も小《ちい》さくしています。

▶家《いえ》を作《つく》るため、わらをふいている村人《むらびと》たち。標高《ひょうこう》が高《たか》いところは気温《きおん》が低《ひく》く、とくに夜《よる》の冷《ひ》えこみはきびしいものです。雨《あめ》や雪《ゆき》、寒《さむ》さに強《つよ》い家《いえ》をたてなければなりません。

家《いえ》には窓《まど》がないので、中《なか》は昼間《ひるま》でも暗《くら》いです。ジャガイモやトウモロコシ、ほし肉《にく》などがつるしてあります。

▶村《むら》の男《おとこ》たちが集《あつ》まって、屋根《やね》ふきをしているところ。屋根《やね》の材料《ざいりょう》は、このあたりのどこにでも生《は》えている、イネの仲間《なかま》の雑草《ざっそう》です。こわれても、すぐに修理《しゅうり》できます。

食《た》べる◉ジャガイモ（1）

ジャガイモは、
アンデスで生《う》まれました。
インカの先《せん》祖《ぞ》たちが改《かい》良《りょう》をくりかえし、
今《いま》のおいしいジャガイモができたのです。
ここでは、ジャガイモは
いちばんたいせつな食《た》べ物《もの》です。
種《たね》植《う》えや収穫《しゅうかく》には、
親《おや》子《こ》みんなで畑《はたけ》に行《い》き、
作《さ》業《ぎょう》をします。
村《むら》には、共同畑《きょうどうばたけ》と各《かく》家《か》族《ぞく》の畑《はたけ》があり、
共同畑《きょうどうばたけ》は、
男《おとこ》たちだけで種《たね》植《う》えをします。
収穫《しゅうかく》のときは、
大《だい》地《ち》の神様《かみさま》パチャママに祈《いの》り、感謝《かんしゃ》します。
それ以《い》外《がい》のときにも、人《ひと》びとは、
神様《かみさま》にたいする信仰《しんこう》を
忘《わす》れることはありません。
そこが、目《め》に見《み》えるものしか信《しん》じなくなった
ぼくたちとちがうところです。

イモを植《う》えるときは、インカ時代《じだい》にも使《つか》っていたチャクタクヤという道具《どうぐ》を使《つか》います。畑《はたけ》に穴《あな》を掘《ほ》り、そこに種《たね》イモとアルパカや羊《ひつじ》のふんを肥《こ》やしとして入《い》れ、ほうっておくと、8ヶ月《げつ》ほどで収穫《しゅうかく》できます。

▶ジャガイモの収穫《しゅうかく》を手伝《てつだ》う少女《しょうじょ》。村人《むらびと》にとって、イモの収《しゅう》穫《かく》は大《おお》きな喜《よろこ》びです。とれたイモは家《いえ》に運《はこ》びますが、畑《はたけ》で焼《や》きイモにして食《た》べることもあります。

食《た》べる◉ジャガイモ（2）

アンデスは、
ジャガイモの種類《しゅるい》が
とても多《おお》いところです。

それぞれ、
大《おお》きさも、色《いろ》も、味《あじ》もちがいます。

7月《がつ》、ケロ村《むら》に住《す》む一家《いっか》が
収穫《しゅうかく》したイモを地面《じめん》にひろげました。

夜《よる》は冷凍庫《れいとうこ》のように気温《きおん》がさがり、
イモはカチンカチンに凍《こお》ります。

ところが、日中《にっちゅう》は暖《あたた》かくなり、
凍《こお》ったイモがとけます。

一週間《いっしゅうかん》おいておくと、
でんぷんと水分《すいぶん》がわかれて
ブヨブヨになります。

はだしでこのイモを踏《ふ》んで、
水分《すいぶん》を抜《ぬ》きます。

これを何回《なんかい》もくりかえすと、
乾燥《かんそう》して水分《すいぶん》がなくなります。

このおかげで、保存《ほぞん》が可能《かのう》になり、
人《ひと》びとの主食《しゅしょく》になりました。

同《おな》じ乾燥《かんそう》ジャガイモでも、苦《にが》くて食《た》べにくい種類《しゅるい》のイモは、いったん水《みず》にさらしてから作《つく》ります。

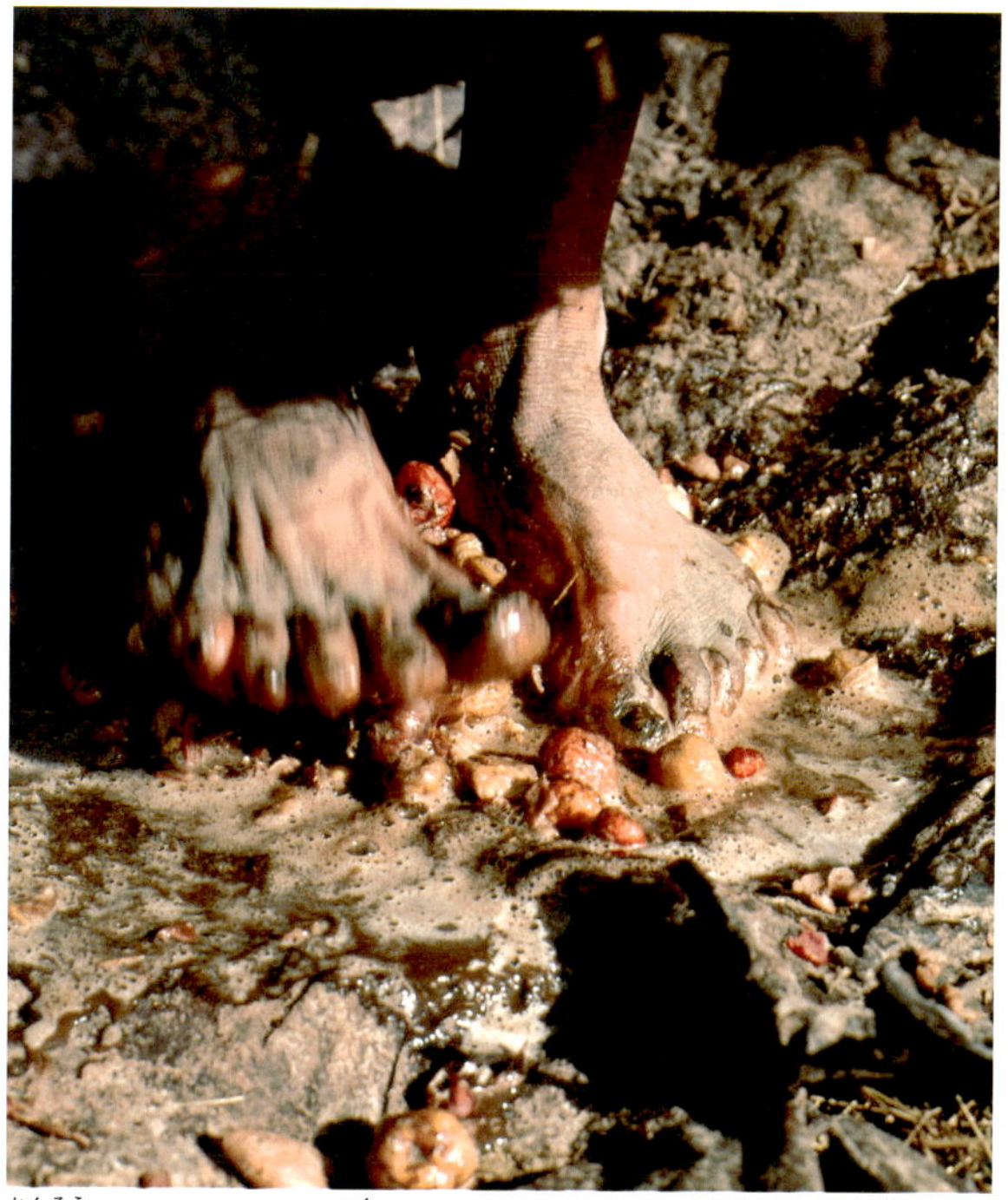

乾燥《かんそう》ジャガイモを作《つく》っているようす。味《あじ》には独特《どくとく》のくせがあって、やみつきになります。

食《た》べる◉トウモロコシ

ケロ村《むら》では、森《もり》をきりひらいて、
トウモロコシを作《つく》っています。
1月《がつ》に種《たね》をまき、7月《がつ》にとりいれます。
収穫《しゅうかく》するときは、
畑《はたけ》に実《みの》らせたまま乾燥《かんそう》させます。
ここから3000メートルも
高《たか》いところに運《はこ》ぶので、軽《かる》い方《ほう》がいいのです。
トウモロコシが乾燥《かんそう》したら、
高地《こうち》からリャマを連《つ》れてきます。
リャマを畑《はたけ》までおろすときは、走《はし》っていきます。
そして、次《つぎ》の日《ひ》の早朝《そうちょう》、リャマの背《せ》に、
袋《ふくろ》につめたトウモロコシを積《つ》みます。
帰《かえ》りは、けわしい山道《さんどう》を、休《やす》みながら進《すす》みます。
弱《よわ》いリャマは、疲《つか》れて、
とちゅうですわりこんでしまい、
まったく動《うご》かなくなります。
そんなときは、
荷《に》をほどいて、人間《にんげん》が背《せ》おいます。
疲《つか》れた子《こ》どもたちも大人《おとな》が背《せ》おわなければならず、
大人《おとな》たちの荷物《にもつ》は、どんどん増《ふ》えていきます。

トウモロコシ畑《ばたけ》があるところは暑《あつ》いので、服装《ふくそう》はうす着《ぎ》になり、家《いえ》も石《いし》ではなく木《き》で作《つく》ります。ここでの食事《しょくじ》はトウモロコシが中心《ちゅうしん》です。ゆでたり、焼《や》いたり、つぶして餅状《もちじょう》にしたりして食《た》べます。

▶標高《ひょうこう》1500～2000メートルの土地《とち》でトウモロコシを作《つく》り、家畜《かちく》のいる4300メートルのところまで運《はこ》びあげます。トウモロコシで作《つく》るお酒《さけ》は、神様《かみさま》へのささげものとして、なくてはならないものです。

トウモロコシを積《つ》んだリャマたち。家族《かぞく》みんなで高地《こうち》に向《む》かいます。

暑《あつ》い森《もり》の中《なか》、急《きゅう》な崖《がけ》の道《みち》を通《とお》り、いくつもの川《かわ》を渡《わた》ります。川《かわ》には毎年《まいとし》、あたらしい橋《はし》がかけられます。

▶収穫《しゅうかく》したトウモロコシ。急《きゅう》な山道《やまみち》を背《せ》おって運《はこ》ぶので、乾燥《かんそう》させて軽《かる》くします。

◀森《もり》の中《なか》で休《やす》んでいるところ。トウモロコシを積《つ》んだリャマのほかに、赤《あか》ちゃんや、ネコ、ニワトリも連《つ》れていて、大変《たいへん》な荷物《にもつ》です。

食《た》べる◉チーチャを作《つく》る

ケロ村《むら》では、さまざまな儀式《ぎしき》があります。
儀式《ぎしき》が近《ちか》づくと、トウモロコシで、
チーチャというお酒《さけ》を作《つく》ります。
すこしすっぱい味《あじ》のお酒《さけ》です。
できあがったら、親《しん》せきと近所《きんじょ》の人《ひと》が集《あつ》まって、
チーチャを飲《の》みます。
このとき、最初《さいしょ》の一杯《いっぱい》は、
必《かなら》ず神様《かみさま》にささげられます。
みんな神様《かみさま》をたいせつにしているのです。
ケロではいつも、人《ひと》びとの信仰《しんこう》のあつさ、
目《め》に見《み》えないものを
信《しん》じる心《こころ》を感《かん》じます。

①床《ゆか》にぬれたわらを敷《し》き、粒状《つぶじょう》のトウモロコシをおきます。さらにぬれたわらをかけ、その上《うえ》で人《ひと》が寝《ね》ると、4〜5日《にち》で芽《め》が出《で》ます。

②次に、芽《め》を出《だ》したトウモロコシを、石《いし》ですりつぶします。

③すりつぶしたトウモロコシを、お湯《ゆ》を入《い》れたかめに入《い》れておくと、発酵《はっこう》してチーチャができます。

家族《かぞく》◉髪切《かみき》りの儀式《ぎしき》

一軒《いっけん》の家《いえ》に、親《しん》せきの人《ひと》が、
たくさん集《あつ》まってきました。
今日《きょう》の主役《しゅやく》は、1歳《さい》の赤《あか》ちゃんです。
生《う》まれてから1度《ど》も、髪《かみ》の毛《け》を
切《き》ったことも洗《あら》ったこともありません。
神様《かみさま》に、元気《げんき》に育《そだ》つよう祈《いの》ってから、
ごわごわになった赤《あか》ちゃんの髪《かみ》を切《き》ります。
アンデスに古《ふる》くからつたわる習慣《しゅうかん》です。
ぼくが3度《ど》目《め》にケロ村《むら》をたずねたとき、
それまでなかなか
心《こころ》をひらいてくれなかった村人《むらびと》たちが、
はじめて、
このたいせつな儀式《ぎしき》に呼《よ》んでくれました。
儀式《ぎしき》が終《お》わると、女《おんな》の人《ひと》たちが、
やさしい顔《かお》つきになっていました。
これでもう、
親《しん》せきも同然《どうぜん》だと思《おも》ってくれたようです。
この後《あと》、次《つぎ》つぎと赤《あか》ちゃんの髪《かみ》の毛《け》を
切《き》ってくれと頼《たの》まれ、
じょじょに村《むら》の人《ひと》と
なかよくなっていきました。

おさない兄《あに》も、大人《おとな》のまねをして妹《いもうと》の髪《かみ》の毛《け》を切《き》ります。切《き》り終《お》わると、赤《あか》ちゃんはあたらしい帽子《ぼうし》をかぶせられます。

親《しん》せきが集《あつ》まり、赤《あか》ちゃんの髪《かみ》の毛《け》を少《すこ》しずつ切《き》っていきます。切《き》った髪《かみ》は、お札でくるんで皿《さら》の上《うえ》におきます。

家族《かぞく》◉家族《かぞく》のかたち

ここでは、みんな、
村《むら》のなかで結婚相手《けっこんあいて》を見《み》つけます。
学校《がっこう》や、礼拝所《れいはいじょ》のある
標高《ひょうこう》3300メートル付近《ふきん》では、
三世代《さんせだい》が、
大《おお》きな家《いえ》にいっしょに住《す》みます。
なにかの行事《ぎょうじ》のときは、
おじいちゃん、おばあちゃんを中心《ちゅうしん》に、
息子《むすこ》たち、娘《むすめ》たち、孫《まご》たちが集《あつ》まって、
祈《いの》り、食《た》べ、飲《の》み、歌《うた》い、おどります。
この大家族《だいかぞく》はしょっちゅう集《あつ》まり、
なかよくしています。
両親《りょうしん》が亡《な》くなった子《こ》どもたちは、
祖父母《そふぼ》やおじさん、
おばさんが引《ひ》き取《と》って育《そだ》てます。
ここでは、
誰《だれ》かが年寄《としよ》りのめんどうをみるので、
年《とし》を取《と》ってからのことを
心配《しんぱい》している人《ひと》はいません。
家族《かぞく》のきずなが、
とても強《つよ》いのです。

畑仕事《はたけしごと》や家畜《かちく》の世話《せわ》をしていないとき、お母《かあ》さんは布《ぬの》を織《お》るか、糸《いと》をつむいでいます。お父《とう》さんも糸《いと》をつむぎます。おさない子《こ》どもたちは、いつもそのまわりで遊《あそ》んでいます。

子《こ》どもたちは、両親《りょうしん》によくしかられています。それでも、家族《かぞく》はいつもなかよしです。

夕食《ゆうしょく》をとる一家《いっか》。主食《しゅしょく》はジャガイモです。焼《や》くか、ゆでるか、スープにして食《た》べます。ときどき、アルパカや羊《ひつじ》の肉《にく》も食《た》べます。味《あじ》つけは岩塩《がんえん》でします。

満腹《まんぷく》になって眠《ねむ》ってしまった子《こ》どもたち。

乾燥《かんそう》ジャガイモのスープは、とろみがあってほんのり塩味《しおあじ》です。家族《かぞく》で料理《りょうり》をし、配《くば》るのは女《おんな》の人《ひと》の仕事《しごと》です。

家《いえ》の中《なか》でくつろぐ一家《いっか》。女《おんな》の人《ひと》は家《いえ》の中《なか》でも機織《はたお》りをします。

子《こ》どもたち◉たいせつな働《はたら》き手《て》

水《みず》くみ、まきひろい、
家畜《かちく》のえさやりや機織《はたお》りの手伝《てつだ》い。
子《こ》どもたちの仕事《しごと》は、たくさんあります。
ファナチャは、2歳《さい》の女《おんな》の子《こ》ですが、
もう兄《あに》のビセンテといっしょに働《はたら》いています。
ブタの世話《せわ》をしたり、トウモロコシを乾《かわ》かしたりと、
大活躍《だいかつやく》です。ビセンテは5歳《さい》ですが、
羊《ひつじ》やアルパカの世話《せわ》をしています。
ケロ村《むら》では、子《こ》どもたちはたいせつな働《はたら》き手《て》です。
お父《とう》さんやお母《かあ》さんの仕事《しごと》を手伝《てつだ》いながら、
生《い》きていくための知恵《ちえ》や技術《ぎじゅつ》を身《み》につけます。
家族《かぞく》の一員《いちいん》として、自分《じぶん》にあたえられた役割《やくわり》を、
誇《ほこ》りを持《も》ってしている子《こ》どもたちは、
いきいきと、自信《じしん》にあふれています。
両親《りょうしん》にほめられると、
とてもうれしそうにわらっています。
でも、仕事《しごと》ばかりしているわけではなく、
みんなで集《あつ》まってよく遊《あそ》んでいます。
ここにはゲームはありませんが、
自分《じぶん》たちでおもちゃを作《つく》ったりして、
楽《たの》しそうです。

5～6歳《さい》になるとアルパカの世話《せわ》をします。アルパカはおとなしい動物《どうぶつ》ですが、遅《おく》れたり、はぐれたりするものもいるので大変《たいへん》です。

子《こ》ブタを追《お》う仕事《しごと》をまかされた2歳《さい》のファナチャ。ふだんはまだお母《かあ》さんのおっぱいを飲《の》んでいます。

ファナチャと、兄《あに》のビセンテがトウモロコシをほしています。

◀オンダをふりまわして、300頭《とう》のアルパカを追《お》う7歳《さい》の少年《しょうねん》イラリオ。オンダはインカ時代《じだい》には武器《ぶき》として使《つか》われていた、石《いし》を投《な》げる道具《どうぐ》です。

子《こ》どもたちはみんななかよしですが、たまには、とっくみあいのケンカもします。

6～7歳《さい》になると、りっぱに馬《うま》を扱《あつか》うようになります。馬《うま》は、怒《おこ》らせるとあばれたり蹴《け》ったりするので、おさない子《こ》では扱《あつか》えません。

女《おんな》の子《こ》たちは、母親《ははおや》と同《おな》じように、あいている時間《じかん》があれば糸《いと》をつむいでいます。高地《こうち》は寒《さむ》く、日差《ひざ》しも強《つよ》いので、みんな帽子《ぼうし》をかぶります。

畑《はたけ》に向《む》かう少年《しょうねん》。野外《やがい》を走《はし》りまわる子《こ》どもたちの顔《かお》や手足《てあし》は、いつも真《ま》っ黒《くろ》です。

子《こ》どもたち◉家畜《かちく》追《お》い

朝《あさ》7時《じ》ころ、山《やま》の上《うえ》から太陽《たいよう》が顔《かお》を出《だ》します。
日《ひ》があたると、
家畜《かちく》は山頂《さんちょう》に向《む》かって移動《いどう》をはじめます。
山頂付近《さんちょうふきん》で家畜《かちく》たちは勝手《かって》にちらばり、草《くさ》をはみます。
家畜《かちく》の番《ばん》は7歳《さい》のイラリオにまかされています。

あるとき、急《きゅう》に、
みぞれが降《ふ》ってきたことがありました。
ぼくとイラリオは、石《いし》を積《つ》みあげて作《つく》った
風《かぜ》よけに移動《いどう》しました。
雨風《あめかぜ》は、完全《かんぜん》には防《ふせ》げません。
みぞれは冷《つめ》たく、
肌《はだ》までじわじわとしみこんできます。
ぼくは「よくがまんできるなあ」と感心《かんしん》しました。

「いちばんうれしいときは、どんなときなの」

と聞《き》くと、

「家畜《かちく》に赤《あか》ちゃんが生《う》まれたときだよ」

とこたえました。

以前《いぜん》イラリオが、生《う》まれたてのアルパカの子《こ》を
抱《だ》いて帰《かえ》ってきたことがありました。

そのときのイラリオは満面《まんめん》に笑《え》みをうかべて、
本当《ほんとう》にうれしそうでした。

枯《か》れ草《くさ》をひろって、家《いえ》に運《はこ》ぶ子《こ》どもたち。高地《こうち》では貴重《きちょう》な燃料《ねんりょう》として使《つか》われます。

種《たね》イモを馬《うま》に積《つ》んで、畑《はたけ》に向《む》かうイラリオ。これから、家族《かぞく》みんなでジャガイモを植《う》えるのです。

▲子《こ》どもたちは、よく遊《あそ》び、よく働《はたら》きます。大《おお》きくなったら村《むら》の者同士《ものどうし》で結婚《けっこん》し、親《おや》の仕事《しごと》をひきつぐのがふつうです。
▶アルパカの赤《あか》ん坊《ぼう》を抱《だ》いて帰《かえ》ってきたイラリオ。生《う》まれて間《ま》もない家畜《かちく》は、キツネにとられたりしないように、家《いえ》に連《つ》れて帰《かえ》るのです。

子《こ》どもたち◉夢《ゆめ》を聞《き》く

6歳《さい》の男《おとこ》の子《こ》サントスに聞《き》きました。
「大人《おとな》になったら、なにになりたい？」
サントスは、しばらく考《かんが》えていましたが、
やがて小《ちい》さな声《こえ》で
「コンドル」とこたえました。
「コンドルって、
あの、死《し》んだ動物《どうぶつ》を食《た》べる鳥《とり》のこと？」
と、ぼくが聞《き》きかえすと、
むっとした顔《かお》でこちらを見《み》ました。
それから、人《ひと》さし指《ゆび》を思《おも》いきり高《たか》くかかげ、
空《そら》を見上《みあ》げて
「大空《おおぞら》を飛《と》ぶコンドルだよ」と力強《ちからづよ》く言《い》いました。
サントスの兄《あに》のイラリオは、
「トラックの運転手《うんてんしゅ》」とこたえました。
けれども、イラリオは車《くるま》を見《み》たことがないのです。
運転手《うんてんしゅ》をしている青年《せいねん》の話《はなし》を聞《き》いて、
大《おお》きくなったら自分《じぶん》もなりたいと思《おも》ったのです。
じつは、ケロ村《むら》では、ほとんどの子《こ》は
こんなふうには夢《ゆめ》をこたえられません。
みんな、村《むら》に残《のこ》り、
父《ちち》や母《はは》の仕事《しごと》をつぐことが当《あ》たり前《まえ》だからです。

6〜7歳《さい》になると、男《おとこ》の子《こ》と女《おんな》の子《こ》が別《べつ》べつに遊《あそ》ぶことが多《おお》くなります。小《ちい》さな子《こ》のめんどうは大《おお》きな子《こ》がみます。

布《ぬの》を丸《まる》めて、ひもでしばったボールでサッカーをする少年《しょうねん》たち。追《お》いかけっこなどもよくやっています。

祈《いの》る◉全霊祭《ぜんれいさい》

11月《がつ》1日《たち》、ケロ村《むら》では、
天《てん》に昇《のぼ》っていた先祖《せんぞ》の霊《れい》が
帰《かえ》ってくるといわれています。
酒《さけ》やお菓子《かし》、ロウソクなどを持《も》って、
家族《かぞく》そろって墓《はか》まいりをします。
これらのささげものに先祖《せんぞ》は喜《よろこ》び、
みんなの元気《げんき》な姿《すがた》を見《み》て、
安心《あんしん》して天《てん》に帰《かえ》っていくといいます。
日本《にほん》でも続《つづ》いている、
お盆《ぼん》の墓《はか》まいりと似《に》ています。
お墓《はか》の前《まえ》で、山《やま》の神《かみ》アプと
大地《だいち》の神《かみ》パチャママに
祈《いの》りをささげ、
ひとつのコップで
酒《さけ》が順番《じゅんばん》にふるまわれます。
飲《の》む前《まえ》に、パチャママのために
土《つち》にむかって酒《さけ》を一滴《いってき》たらし、
アプのために
天《てん》にむかって指《ゆび》にひたした酒《さけ》を
一滴《いってき》はじきます。

トウモロコシを運《はこ》ぶのに活躍《かつやく》してくれた、リャマの繁殖儀礼《はんしょくぎれい》。山《やま》の神《かみ》アプに、もっとリャマが増《ふ》えますようにと祈《いの》ります。

形《かたち》のいいコカの葉《は》を選《えら》び、息《いき》を吹《ふ》きかけて山《やま》の神《かみ》に祈《いの》ります。

リャマにも、トウモロコシから作《つく》ったお酒《さけ》を飲《の》ませます。この後《あと》、すべてのリャマの耳《みみ》に毛糸《けいと》のリボンをつけて繁殖儀礼《はんしょくぎれい》はおしまいです。

儀式《ぎしき》などがあるときには、必《かなら》ずお酒《さけ》とコカの葉《は》が出《で》てきます。祈《いの》りながら歌《うた》い、楽器《がっき》をかなでます。

アルパカの毛《け》を刈《か》る時期《じき》になると、町《まち》から商人《しょうにん》がやってきます。毛《け》を売《う》って手《て》にした現金《げんきん》で、岩塩《がんえん》などを買《か》います。

アルパカの毛《け》を刈《か》り終《お》わったあと、アルパカが増《ふ》えることを祈《いの》る儀式《ぎしき》があります。

祈《いの》る◉星《ほし》と雪《ゆき》の巡礼祭《じゅんれいさい》

6月上旬《がつじょうじゅん》、氷河《ひょうが》のふもとに
巡礼者《じゅんれいしゃ》たちが集《あつ》まってきます。
「星《ほし》と雪《ゆき》の巡礼祭《じゅんれいさい》」
がおこなわれるのです。

インカ帝国《ていこく》の時代《じだい》は、
太陽《たいよう》、月《つき》、大地《だいち》、山《やま》など、自然《しぜん》が神様《かみさま》でした。
今《いま》では、ほとんどの人《ひと》が
キリスト教《きょう》と自然《しぜん》の神様《かみさま》の両方《りょうほう》を信《しん》じています。
この巡礼祭《じゅんれいさい》は、
そのふたつの神様《かみさま》の影響《えいきょう》をうけたお祭《まつ》りです。

ぼくは、ケロ村《むら》の人《ひと》たちと
礼拝堂《れいはいどう》に向《む》かいました。
そこで祈《いの》り、ロウソクをともし、
一年間《いちねんかん》のおこないを話《はな》して、
神様《かみさま》のゆるしを請《こ》うのです。

巡礼祭《じゅんれいさい》のあいだは、
歌《うた》もおどりも演奏《えんそう》も、夜中《よなか》まで続《つづ》きます。
たくさんの楽団《がくだん》がそれぞれ演奏《えんそう》しています。
世界《せかい》でいちばん大《おお》きい野外《やがい》ライブです。
ぼくは、寒《さむ》いテントのなかで、
気《き》を高《たか》ぶらせながらライブを聞《き》いていました。

標高《ひょうこう》4800メートルのところにある礼拝堂《れいはいどう》の周囲《しゅうい》に、3万人《まんにん》をこえる人《ひと》びとが集《あつ》まります。

礼拝堂《れいはいどう》から出《で》ると、歌《うた》をうたい、楽器《がっき》を演奏《えんそう》し、おどります。あちこちに、このようなおどりの輪《わ》ができます。

まず、礼拝堂《れいはいどう》の中《なか》に入《はい》り、ロウソクを灯《とも》し、祈《いの》ります。みんな真剣《しんけん》な顔《かお》をしています。

祈《いの》る◉氷河《ひょうが》の十字架《じゅうじか》

ウククと呼《よ》ばれる人《ひと》びとが、ずっしり重《おも》い十字架《じゅうじか》をかついで歩《ある》きはじめました。

ウククは巡礼祭《じゅんれいさい》の進行役《しんこうやく》をして、警官《けいかん》の役割《やくわり》もつとめます。

目《め》ざすは氷河《ひょうが》の上《うえ》です。

10人《にん》ほどのウククが、休《やす》みをとりながら、ゆっくりのぼります。

氷河《ひょうが》の端《はし》は急《きゅう》で、危険《きけん》です。

雪《ゆき》が積《つ》もっていれば楽《らく》ですが、氷《こおり》がむきだしになっていると、すべりやすく、落《お》ちて死《し》んだ巡礼者《じゅんれいしゃ》もいます。

上《うえ》に着《つ》いたら、慎重《しんちょう》に十字架《じゅうじか》を立《た》てます。

男《おとこ》の人《ひと》たちはそれに口《くち》づけをして祈《いの》ります。

あまりのうれしさに、涙《なみだ》を流《なが》す人《ひと》もいます。

十字架《じゅうじか》をかつぎあげる役目《やくめ》は、一生《いっしょう》に1度《ど》あるかないかの名誉《めいよ》ある役割《やくわり》なのです。

このあと十字架《じゅうじか》は、最終日《さいしゅうび》におろされて、礼拝堂《れいはいどう》にも出《だ》され、一般《いっぱん》の巡礼者《じゅんれいしゃ》が祈《いの》りをささげます。

礼拝堂《れいはいどう》にしまってあった大《おお》きな十字架《じゅうじか》を、ウククが氷河《ひょうが》の上《うえ》に運《はこ》びます。

氷河《ひょうが》から氷《こおり》を取《と》り出《だ》しているようす。大《おお》きな固《かた》まりを運《はこ》んだ方《ほう》が、幸運《こううん》がやってくるといわれています。

上《うえ》からおりてきた巡礼者《じゅんれいしゃ》たち。重《おも》い氷《こおり》の固《かた》まりを背《せ》おって運《はこ》んできました。

1010061

おそれいります
が切手をおはり
ください。

東京都千代田区
三崎町三―八―五

株式会社**ほるぷ出版**行

(ふりがな) お　名　前	男　・　女 歳
おところ 〒	
T　E　L	
お　仕　事	教職員(幼保・小・中・高・大(短)・その他) 会社員・公務員・自由業・自営業・主婦・アルバイト 学生(小・中・高・大(短))・専)その他(　　　　　)

おそれいりますが書名
をお書き入れください。

書 名

ご購読ありがとうございました。本書に関するご感想、今後の刊行物についてのご希望などお寄せください。(広告や小冊子、ホームページなどで紹介させていただくこともあります。)

ご購入書店		区 市 町 村

購入申込書

☞ 小社の本は、お近くの書店でお求めください。お近くに書店がなく、小社に直接ご注文いただく場合は、このハガキをご利用ください。

☞ 宅急便にて御自宅まで配送致します(送料は別途かかります)。

(書名)	(本体)	円 (冊数)	冊
(書名)	(本体)	円 (冊数)	冊
(書名)	(本体)	円 (冊数)	冊
(書名)	(本体)	円 (冊数)	冊

お願い

☞ このアンケートはがきを、小社への通信または小社刊行物の御注文にご利用下さい。ご記入いただいた個人情報は、許可なく他の目的には使用いたしません。
またホームページ http://www.holp-pub.co.jpでも本のご感想・本のご注文を承っております。新刊情報もご覧いただけます。
今後、小社の新刊案内などのお知らせをお送りしてもよろしいですか。(要・不要)

巡礼祭《じゅんれいさい》の最後《さいご》の日《ひ》は、十字架《じゅうじか》を下《さ》げるため、30キロを寝《ね》ないで歩《ある》きます。山《やま》の見《み》えるところで、日《ひ》の出《で》を待《ま》ち、太陽《たいよう》に祈《いの》りをささげます。

暗《くら》くなってから、危険《きけん》な氷河《ひょうが》をのぼってくる人《ひと》たちもいます。夜《よる》の気温《きおん》はとても低《ひく》く、冷《つめ》たい風《かぜ》もふいています。

十字架《じゅうじか》の立《た》った氷河《ひょうが》には、たくさんの人《ひと》が来《き》て、祈《いの》ります。十字《じゅうじ》架《か》は４日《か》間《かん》氷河《ひょうが》の上《うえ》に立《た》てられています。

シナハラ山《やま》の氷河《ひょうが》に立《た》てられた十字架《じゅうじか》。山《やま》の神《かみ》アプの住《す》むところに、キリスト教《きょう》の十字架《じゅうじか》が立《た》てられます。人《ひと》びとは、どちらの神様《かみさま》も信《しん》じているのです。

ともに生《い》きる◉ケロ村《むら》の知恵《ちえ》

アンデスでは、インカ時代以前《じだいいぜん》から、
アイユーと呼《よ》ばれる
協同作業《きょうどうさぎょう》の習慣《しゅうかん》がありました。
礼拝堂《れいはいどう》や学校《がっこう》、集会所《しゅうかいじょ》を作《つく》ったり、
道《みち》をととのえる仕事《しごと》を、
村人《むらびと》が協力《きょうりょく》しておこないます。
村全体《むらぜんたい》の助《たす》け合《あ》いだけでなく、
親《しん》せきや近所《きんじょ》の人《ひと》たちもよく集《あつ》まって協力《きょうりょく》します。
日本《にほん》でも、「結《ゆ》い」という
助《たす》け合《あ》いの習慣《しゅうかん》がありました。
餅《もち》つき、田植《たう》え、稲刈《いねか》り、
葬式《そうしき》などで助《たす》けられると、
お返《かえ》しに、
助《たす》けてくれた家族《かぞく》の手伝《てつだ》いをしました。
生《い》きていくために、
人《ひと》びとは助《たす》け合《あ》ってきました。
ところが先進国《せんしんこく》では、
機械《きかい》で仕事《しごと》をすることが増《ふ》え、
助《たす》け合《あ》うことも少《すく》なくなってきました。
アンデスのようなきびしい環境《かんきょう》では、
今《いま》も、助《たす》け合《あ》って生《い》きているのです。

インカは石《いし》づくりの巨大建築《きょだいけんちく》が有名《ゆうめい》です。大《おお》きな石《いし》を運《はこ》ぶときは、足《あし》やてこを使《つか》ったに違《ちが》いありません。そのやり方《かた》は、今《いま》もひきつがれています。

森《もり》で大《おお》きな木《き》を切《き》って、みんなで力《ちから》を合《あ》わせて川《かわ》に運《はこ》びます。

▶トウモロコシを運《はこ》びあげるため、リャマをつかいます。リャマが通《とお》る橋《はし》をかけるために、村《むら》の男全員《おとこぜんいん》が協力《きょうりょく》します。

カーニバルのときにかぶる母親《ははおや》の帽子《ぼうし》を頭《あたま》にのせて遊《あそ》ぶ少女《しょうじょ》。村《むら》の大人《おとな》たちは、どの家《いえ》の子《こ》どもも自分《じぶん》の子《こ》どもと同《おな》じようにかわいがり、しかります。

▶草《くさ》が青《あお》あおと茂《しげ》るケロ村《むら》。朝《あさ》は晴《は》れていても、夕方《ゆうがた》になると、トウモロコシ畑《ばたけ》のある低地《ていち》から雲《くも》と霧《きり》がはいあがってきます。

ともに生《い》きる◉これから

ケロ村《むら》の人《ひと》たちは、食事《しょくじ》はほとんど自分《じぶん》たちで作《つく》ったものを食《た》べます。
家《いえ》も、村《むら》でとれる素材《そざい》だけで作《つく》ります。
外《そと》から手《て》に入《い》れなければならないのは、鉄《てつ》で作《つく》られているナイフ、
農具《のうぐ》などと、灯油《とうゆ》ランプの燃料《ねんりょう》、それに岩塩《がんえん》などです。

今《いま》までは、アルパカや羊《ひつじ》の毛《け》を売《う》れば、必要《ひつよう》なものは買《か》えたのですが、
最近《さいきん》は、ラジオや懐中電灯《かいちゅうでんとう》が普及《ふきゅう》して、それを欲《ほ》しがる人《ひと》も増《ふ》え、
村《むら》の外《そと》に出《で》て働《はたら》いてお金《かね》を得《え》るようになりました。
そのうち、ケロ村《むら》の人《ひと》たちの暮《く》らしも変《か》わっていくでしょう。
わたしたち日本人《にほんじん》も、
１５０年前《ねんまえ》と比《くら》べたら服《ふく》も家《いえ》も食《た》べ物《もの》もすっかり変《か》わりました。
わたしたちは、彼《かれ》らの変化《へんか》を見守《みまも》るしかありません。

男《おとこ》たちは、休《やす》むとき、必《かなら》ずコカの葉《は》をかんでいます。

大事《だいじ》なことを決《き》めるときは、男《おとこ》たちが集《あつ》まって会議《かいぎ》をします。

他《た》の動物《どうぶつ》よりも寒《さむ》さや暑《あつ》さに弱《よわ》い人間《にんげん》が、ケロ村《むら》のようなきびしい環境《かんきょう》でここまで生《い》き延《の》びてこられたのは、協力《きょうりょく》しあってきたからです。

おわりに

東北《とうほく》で起《お》きた大《おお》きな地震《じしん》と津波《つなみ》で、
たくさんの人《ひと》が大変《たいへん》な目《め》にあいました。
そのうえ、原子力発電所《げんしりょくはつでんしょ》の事故《じこ》で放射能《ほうしゃのう》がもれ、
それを止《と》めることができません。

わたしたちの国《くに》では、科学《かがく》で自然《しぜん》を
コントロールしようとして、うまくいっていません。
ケロの人《ひと》たちは、科学技術《かがくぎじゅつ》のめぐみを受《う》けていませんが、
自然《しぜん》を自分《じぶん》の思《おも》い通《どお》りにしようとはせず、
自然《しぜん》とともに生《い》き延《の》びてきました。わたしたちも、
自然《しぜん》のありがたさに感謝《かんしゃ》しながら生《い》き抜《ぬ》いていきたいものです。

解説《かいせつ》

◉インカ時代《じだい》の村《むら》

インカ帝国《ていこく》は、むかし、南米《なんべい》のアンデス地方《ちほう》に栄《さか》えた巨大《きょだい》な帝国《ていこく》です。そのころ、日本《にほん》は室町時代《むろまちじだい》。およそ500年《ねん》から600年前《ねんまえ》です。カミソリの刃《は》1枚《まい》も入《はい》らないほど、きっちりと組《く》み合《あ》わされた石組《いしぐ》みや、個性的《こせいてき》な土器《どき》、ミイラなど、インカ帝国《ていこく》には特徴的《とくちょうてき》なものがいっぱいあります。

ほとんどの古代文明《こだいぶんめい》では、貴族《きぞく》と一般《いっぱん》の人《ひと》とでは全《まった》く違《ちが》う生活《せいかつ》をしていました。身分《みぶん》の高《たか》い人《ひと》はぜいたくをし、ふつうの人《ひと》びとは貧《まず》しい生活《せいかつ》をしていたのです。ところが、インカ帝国《ていこく》は違《ちが》いました。農民《のうみん》のおかみさんでも、すばらしい織物《おりもの》を注文《ちゅうもん》して買《か》うことができました。ふつうの人《ひと》びとの生活《せいかつ》レベルは、他《た》の文明《ぶんめい》よりもずっと高《たか》いものだったのです。

その、インカ時代《じだい》のふつうの人《ひと》びとの暮《く》らしを今《いま》も続《つづ》けているのが、ケロ村《むら》です。日本《にほん》からは海《うみ》をへだてて一万《いちまん》キロ以《い》上離《じょうはな》れているクスコから、100キロ南《みなみ》に行《い》くとオコンガテという町《まち》があります。そこからさらに起伏《きふく》のある山道《さんどう》を2日《か》ほど歩《ある》くと、やっとケロ村《むら》に着《つ》きます。インカ時代《じだい》から今《いま》まで、ほぼ自給自足《じきゅうじそく》の暮《く》らしをしています。

南米大陸《なんべいたいりく》の地図《ちず》

◉標高差《ひょうこうさ》を利用《りよう》する知恵《ちえ》

ケロの人《ひと》たちは、富士山《ふじさん》より高《たか》いところで家畜《かちく》を飼《か》っています。それより低《ひく》い、かん木《ぼく》が生《は》えるところでジャガイモを作《つく》り、もっと低《ひく》いところで、熱帯林《ねったいりん》を焼《や》いてトウモロコシを育《そだ》てています。標高《ひょうこう》の違《ちが》うところに、3つの家《いえ》を持《も》っています。利用《りよう》する土地《とち》の高度差《こうどさ》は3000メートルにもなります。この高度差《こうどさ》を利用《りよう》して生《い》きているのが、ケロ村《むら》の人《ひと》たちの特徴《とくちょう》です。

一方《いっぽう》、アンデスには違《ちが》う形《かたち》で高度差《こうどさ》を利用《りよう》している人《ひと》たちもいます。標高《ひょうこう》の高《たか》いところに住《す》む牧畜民《ぼくちくみん》はおもに家畜《かちく》を飼《か》い、やや低《ひく》いところに住《す》む農民《のうみん》はジャガイモやトウモロコシを作《つく》っています。この人《ひと》たちは、ひとつの家《いえ》に定住《ていじゅう》しています。

収穫期《しゅうかくき》になると、牧畜民《ぼくちくみん》たちは山《やま》からおりてきて、農民《のうみん》が収穫《しゅうかく》したジャガイモやトウモロコシをリャマの背《せ》にのせ、農民《のうみん》たちの家《いえ》まで運《はこ》びます。農民《のうみん》は運《はこ》ぶ手《て》間《ま》がはぶけ、牧畜民《ぼくちくみん》は10袋運《ふくろはこ》ぶと農作物《のうさくぶつ》を1袋《ふくろ》もらえます。おたがいに協力《きょうりょく》して高度差《こうどさ》を利用《りよう》しているのです。

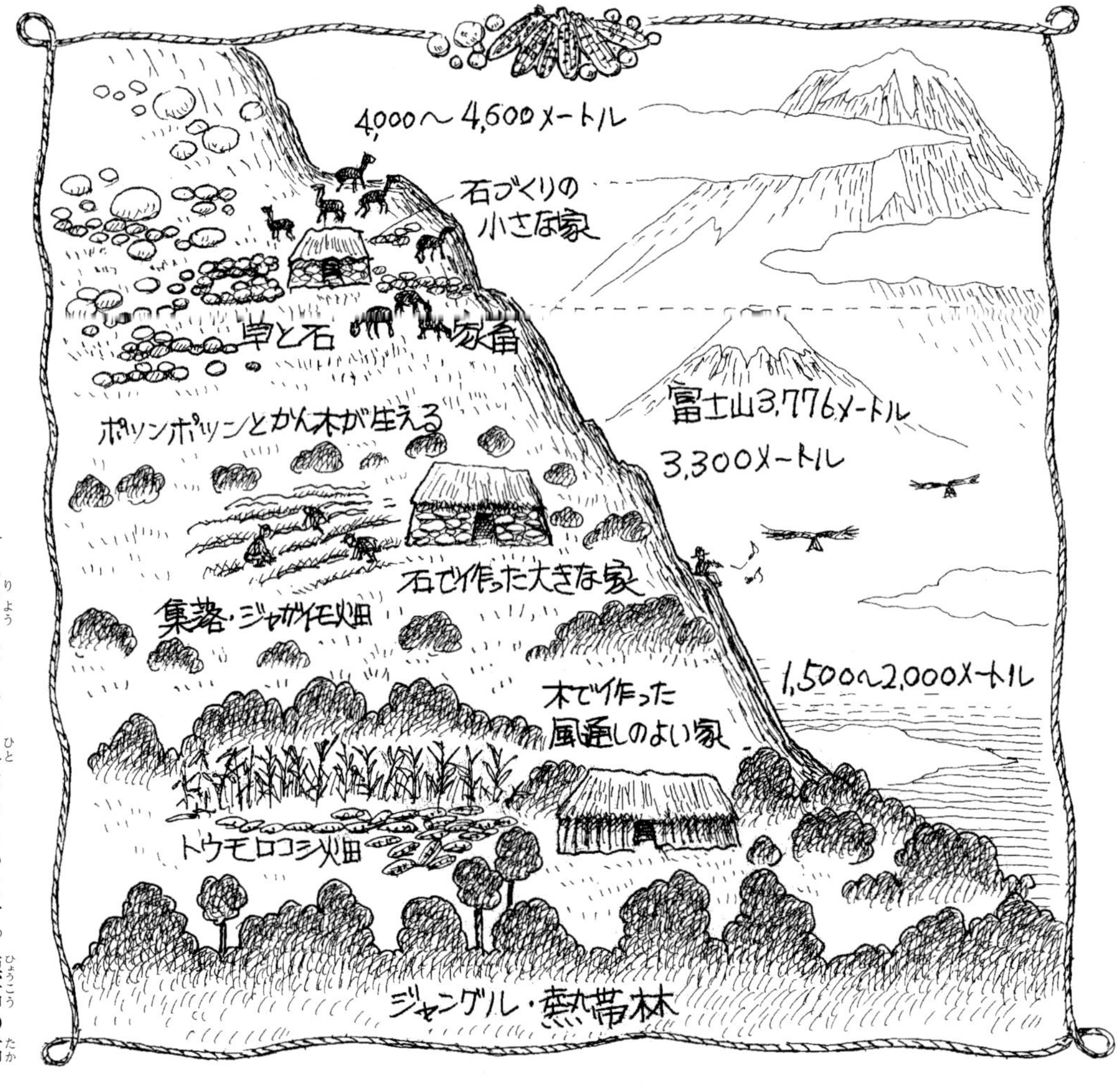

◉食事《しょくじ》

ケロ村《むら》の食事《しょくじ》の中心《ちゅうしん》は、ジャガイモです。種類《しゅるい》が豊富《ほうふ》で、ケロ村《むら》だけで80種《しゅ》もあり、季節《きせつ》によってさまざまなジャガイモの味《あじ》を楽《たの》しめます。ジャガイモは、凍《こお》らせて乾《かわ》かしたチューニュもふくめて、基本的《きほんてき》にいつもゆでて食《た》べます。野草《やそう》やトウガラシを入《い》れてスープにして、塩《しお》で味《あじ》つけすることもあります。料理《りょうり》をするときは、かまどに火《ひ》をおこして煮炊《にた》きします。

トウモロコシは、ケロ村《むら》ではジャガイモの次《つぎ》に大事《だいじ》な食料《しょくりょう》です。おもにチーチャという酒作《さけづく》りに使《つか》われますが、ゆでたり焼《や》いたりしても食《た》べます。つぶして、お餅《もち》にしたりもします。

家畜《かちく》はたいせつな財産《ざいさん》なので、めったに殺《ころ》しませんが、カーニバルなどの祭《まつ》りのときには、アルパカやリャマ、羊《ひつじ》を殺《ころ》して、肉《にく》をスープに入《い》れます。

ケロ村《むら》の食事《しょくじ》は、ぜいたくではありませんが、素朴《そぼく》でとてもおいしいものです。

◉学校《がっこう》

標高《ひょうこう》3300メートルの集落《しゅうらく》に、礼拝《れいはい》堂《どう》や集会所《しゅうかいじょ》があります。学校《がっこう》もここにあります。先生《せんせい》は、クスコからやってきます。小学校《しょうがっこう》は1年生《ねんせい》の1クラスがあるだけで、2年生以上《ねんせいいじょう》のクラスはありません。

1年《ねん》で勉強《べんきょう》は終《お》わりなのです。先生《せんせい》が学校《がっこう》で教《おし》える期間《きかん》は短《みじか》く、授業《じゅぎょう》はなかなか前《まえ》に進《すす》みません。アルファベットの読《よ》み方《かた》と書《か》き方《かた》を勉強《べんきょう》しているあいだに、1年間《ねんかん》がすぎてしまいます。

◉遊《あそ》び

ケロ村《むら》には、ゲームも、おもちゃもありません。それでも、子《こ》どもたちは工夫《くふう》していろいろな遊《あそ》びをしています。

南米《なんべい》ではサッカーがいちばん人気《にんき》のあるスポーツです。ケロ村《むら》の子《こ》どもたちも、サッカーに夢中《むちゅう》です。布《ぬの》きれを丸《まる》めて、それをひもでしばって、小《ちい》さいサッカーボールを作《つく》ります。ゴールは木《き》のぼうで作《つく》ります。

他《ほか》にも、パチンコで小《ちい》さな鳥《とり》や動物《どうぶつ》をとったり、たき火《び》をしたり、馬《うま》に乗《の》って遠《とお》くにでかけたり、歌《うた》ったり、楽器《がっき》をかなでたりと、よく遊《あそ》んでいます。

◉地球《ちきゅう》ものがたり
インカの村《むら》に生《い》きる

2012年10月31日　第1刷発行
2013年 5月20日　第2刷

著　者　関野吉晴

発行者　平井清隆
発行所　株式会社ほるぷ出版
〒101-0061 東京都千代田区三崎町 3-8-5
電話 03-3556-3991／FAX 03-3556-3992
http://www.holp-pub.co.jp
印　刷　文化堂印刷株式会社
製　本　株式会社ハッコー製本

装丁・デザイン　三村 淳
イラスト　澤田 賢
編集協力　野地耕治（崑崙企画）
取材協力　私立和光小学校

乱丁・落丁がありましたら、小社営業部宛にお送りください。
送料小社負担にてお取り替えいたします。

NDC915／223×234mm／ISBN978-4-593-58678-3

Printed in Japan

高精細印刷　HBP-700
この写真集は、最高級の美術印刷技術 HBP-700を使用しています。
HBPは、High Brightness and Pure colorsの略で、通常印刷の175線に対し、
画素情報量で16倍の700線のきめ細かさを持つ印刷技術です。